Das Detektiv-Team

Name: Jo (Vorsicht: Anführer!)
Markenzeichen: gestreifte Wollmütze
Lieblingsmusik: Hip-Hop
Größtes Hobby: Fälle lösen
Größter Wunsch: Sänger oder Meisterdetektiv werden

Name: Hannes (Vorsicht: kombiniert gut!)
Markenzeichen: runde Brille
Größtes Talent: Kunststücke auf dem Einrad
Größtes Hobby: Krimis lesen und dabei Chips essen
Größter Wunsch: mit den Detektiven berühmt werden

Name: Paula (Vorsicht: schlau und frech!)
Markenzeichen: pinkfarbene Haarsträhne
Größtes Talent: Karten spielen
Größtes Hobby: Keyboard
Größter Wunsch: Computerspiele erfinden

Name: Frau Meier (Vorsicht: feine Nase!)
Alter: 28 Hundejahre
Markenzeichen: buntes Fell
Größtes Hobby: Entdeckertouren
Größte Tarnung: sieht gefährlich aus, ist aber treu und lieb
Größter Wunsch: jeden Tag eine Wurst

Loewe Lernkrimis

Diesmal verfolgt das Detektiv-Team die Spur
von Hannes' Hamster Karli, der plötzlich verschwunden ist.

Willst du den Detektiven bei ihrer Suche helfen?

Dann aufgepasst! Achte auf neue Spuren und
versteckte Hinweise, die sich auf jeder Seite verstecken.
Löse die Aufgaben und trage die Lösungsbuchstaben
auf der Detektivseite auf Seite 66 ein.

**Zum Schluss übertrage die Buchstaben
in den Lösungssatz.**

So erfährst du, ob du auf der richtigen Spur warst.

Die Spur führt
zum Kellerfenster

Ein Hamster in der Schule

Heute darf Hannes seinen Hamster Karli

mit in die Schule bringen. In der dritten Stunde

soll es nämlich um Haustiere gehen.

Auf dem Pausenhof wird Hannes sofort

von seinen Mitschülern umringt.

Frau Meier, die Hündin des Hausmeisters,

schnüffelt neugierig am Käfig. Dann bellt sie laut.

„Darf ich ihn mal streicheln?", fragt Tom

aus der Parallelklasse.

„Ja", sagt Hannes.

Bildergeschichte

Ordne die Bilder und schreibe die Buchstaben unten in die Kästchen.

Tom nimmt den
Hamster aus
dem Käfig.

Frau Meier
schnüffelt
am Käfig.

Frau Meier
bellt laut.

Hannes bringt Karli
mit zur Schule.

Die Kinder
umringen Hannes.

Welches Bild ist das letzte in der Geschichte?

Bild ☐ I   Bild ☐ R

Trage den Lösungsbuchstaben
auf der Detektivseite ein.

Hast du Karli wieder in den Käfig gesetzt?",

fragt Hannes.

Tom nickt und verabschiedet sich schnell.

Hannes schaut in den Käfig.

Aus dem Eingang des Häuschens

gucken Heu und Papierschnipsel.

„Karli ruht sich aus", sagt er zu den anderen.

Auf dem Weg ins Klassenzimmer wollen

Hannes' Freunde alles über Karli wissen.

Eines der Kinder hat einen merkwürdigen Gegenstand
dabei. Weißt du, was das für ein Gegenstand ist?
Schau genau hin.

Die Kinder stellen Hannes viele Fragen. Die Fragen sind aber nicht vollständig. Ergänze die fehlenden Wörter. Aufgepasst, ein Wort passt nicht!

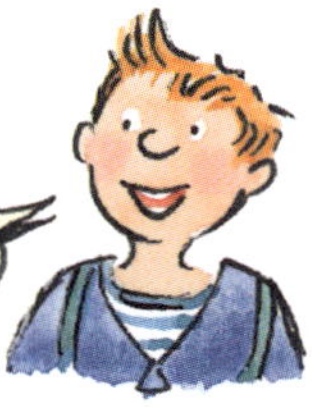

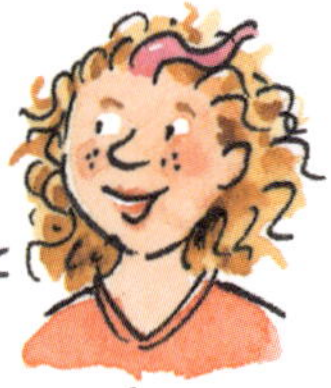

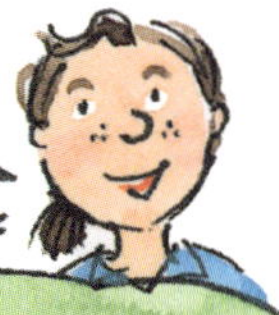

hast

Warum _____ er Karli?

frisst

Was _____ Karli am liebsten?

alt

Musst du Karli auch _____?

lebt

Woher _____ du Karli?

waschen

Wie lange _____ ein Hamster?

heißt

Welches Wort konntest du nicht einsetzen?

 alt heißt

Trage den Lösungsbuchstaben auf der Detektivseite ein.

Komisch, komisch!

Was ihr alles wissen wollt", stöhnt Hannes.

Aber da kommt ihm sein Zwilling Jo zu Hilfe.

„Hamster werden ein bis zwei Jahre alt.

Hannes hat ihn seit einem Monat, weil unser

Nachbar Ben eine Allergie gegen Hamster hat.

Da musste er Karli weggeben.

Waschen muss man Karli nicht,

er putzt sich selbst.

Eigentlich heißt er

Karl der Große, aber

das war uns zu lang",

erklärt Jo.

Namenwörter suchen

In diesem Gitter haben sich waagerecht fünf Wörter aus dem Text auf Seite 8 versteckt. Kreise sie ein.

M	E	Z	W	I	L	L	I	N	G
S	Q	F	R	B	T	K	L	P	O
G	R	K	G	O	P	U	S	I	J
S	M	H	A	M	S	T	E	R	U
I	A	L	L	E	R	G	I	E	R
E	M	O	N	A	T	M	R	J	W
U	E	I	N	A	C	H	B	A	R
W	I	U	M	J	P	R	Y	G	S

Welches Wort hast du gefunden?

Hamster K   Hase C

Trage den Lösungsbuchstaben
auf der Detektivseite ein.

Karli frisst am liebsten Erdnüsse", erklärt Jo.

Er holt ein paar Erdnüsse aus seiner

Jackentasche und legt sie in den Käfig.

„Komisch. Warum kommt Karli nicht raus?",

wundert sich Jo.

„Karli mag auch gern Mohrrüben und Gurken.

Manchmal frisst er sogar Joghurt", sagt Hannes.

Da klingelt es und Frau Schulte beginnt die Stunde.

 Auf dem Bild sind vier Dinge versteckt,
die Hamster gerne fressen. Findest du sie?

Wenn man ein Haustier haben möchte, muss man sich vorher
gut informieren. Kannst du lesen, was man über Hamster wissen
sollte? Setze nach jedem Wort einen Trennungsstrich.

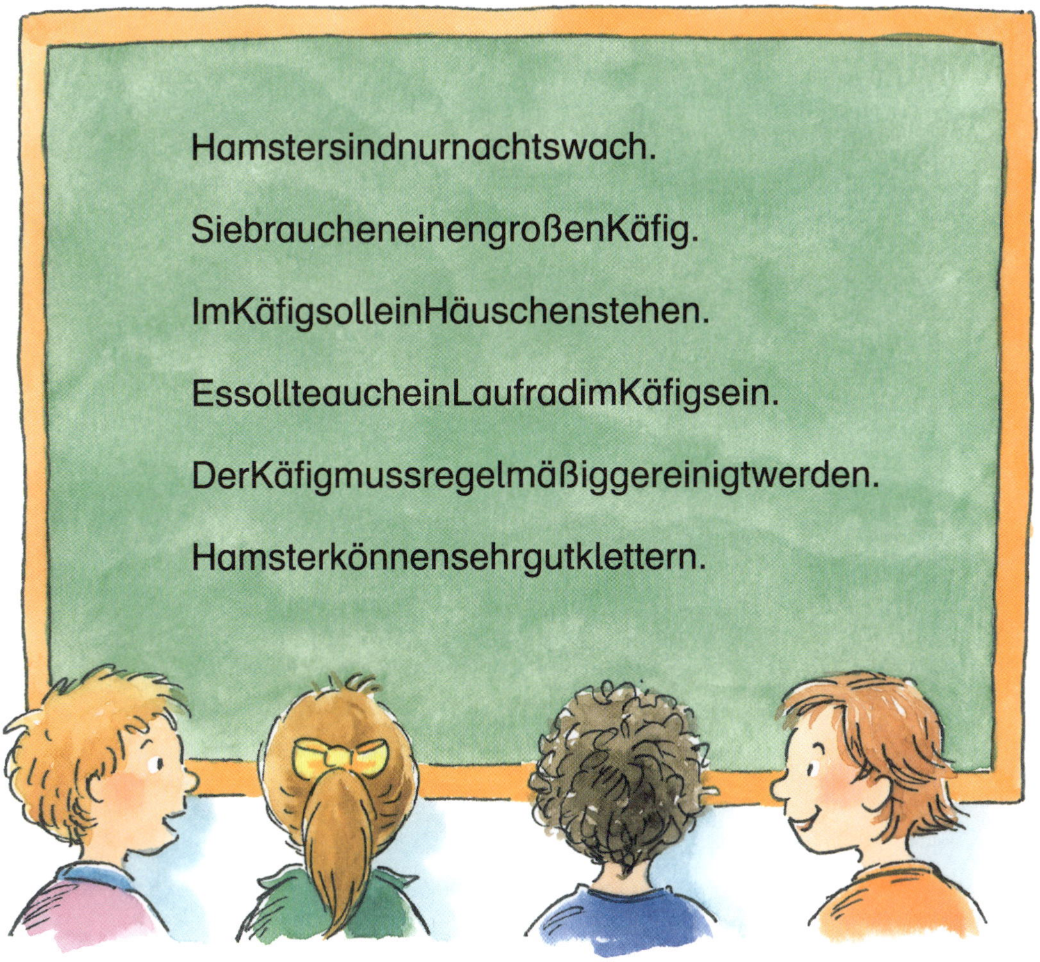

Hamstersindnurnachtswach.

SiebraucheneinengroßenKäfig.

ImKäfigsolleinHäuschenstehen.

EssollteaucheinLaufradimKäfigsein.

DerKäfigmussregelmäßiggereinigtwerden.

Hamsterkönnensehrgutklettern.

Wie viele Wörter hat der längste Satz?
10 Wörter G   8 Wörter E

Trage den Lösungsbuchstaben
auf der Detektivseite ein.

Wo steckt Karli?

Endlich ist Hannes an der Reihe

und darf Karli vorstellen. Er öffnet den Käfig

und hebt das Dach des Häuschens ab.

Doch Karli ist verschwunden.

„Was ist los?", fragt Frau Schulte.

„Karli ist weg", flüstert Hannes.

„Wir müssen ihn suchen!",

rufen Jo und Paula gleichzeitig.

Zusammengesetzte Namenwörter

Wo könnte Karli stecken? In der Aufregung sind einige
Wörter durcheinandergeraten. Setze die Wörter wieder
zusammen und schreibe sie auf die leeren Zeilen.

Haus-

Klassen-

Papier-

Turn-

Pausen-

-boden

Dach-

-halle

-korb

-hof

-zimmer

-flur

Welches Wort hast du gefunden?

Haustür   Klassenzimmer

Trage den Lösungsbuchstaben
auf der Detektivseite ein.

Lasst uns in Ruhe nachdenken", meint Hannes.

„Auf dem Pausenhof wollte Tom Karli streicheln.

Dann hat er ihn wieder in den Käfig gesetzt."

„Aber als ich Karli vor dem Unterricht

noch ein paar Erdnüsse geben wollte,

hat er sie sich nicht geholt", stellt Jo fest.

„Sonst frisst er die Nüsse immer sofort."

„Ganz klar, Tom hat Karli einfach behalten",

kombiniert Paula.

 Wie heißt der Verdächtige?
Notiere den Namen auf der Detektivseite.

In welchen Wörtern versteckt sich die Buchstabenfolge
TOM? Unterstreiche sie mit roter Farbe.

Trommel

Tomate

Foto

Tombola

Tomahawk

Motorrad

 Wie oft hast du die Buchstabenfolge TOM gefunden?

4-mal L   3-mal A

Trage den Lösungsbuchstaben
auf der Detektivseite ein.

Der Verdächtige

"Tom, na der kann was erleben", brummt Hannes.

In diesem Moment klingelt es zur Pause.

Frau Meier wartet schon auf die Kinder.

Paula füttert sie mit Wurst.

Gemeinsam suchen sie nach Tom.

Aber sie sehen ihn nirgends.

Siehst du Tom?
Kreise ihn ein.

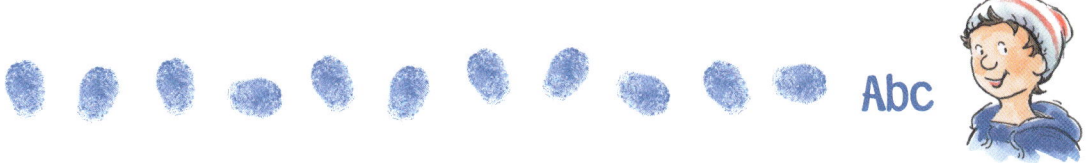

In diesem Bild haben sich alle Buchstaben aus dem Abc versteckt. Findest du sie? Male sie bunt aus.

Wie viele Buchstaben hast du gefunden?

30 **Q** 26 **E**

Trage den Lösungsbuchstaben auf der Detektivseite ein.

Endlich finden sie Tom hinter den Büschen.

„Wo ist Karli?", fragt Hannes aufgeregt.

„Tut mir leid, Hannes", schluchzt Tom.

„Ich wollte Karli meinen Freunden zeigen.

Aber als er mich gebissen hat,

habe ich ihn vor Schreck losgelassen."

„Hier, hinterm Busch, ist der Boden feucht

und Karlis Spuren sind zu sehen", ruft Paula.

„Sie führen zum Fenster. Vielleicht ist er im Keller!"

Wohin führen Karlis Spuren?
Notiere es auf der Detektivseite.

Lies den Text auf der linken Seite genau,
dann beantworte die Fragen.

1.   Warum hat Tom Karli mitgenommen?

a)   Er wollte ihn mit nach Hause nehmen.

b)   Er wollte ihn seinen Freunden zeigen.

2.   Warum hat Tom Karli losgelassen?

a)   Karli hat Tom gebissen.   b)   Karli hat Tom gekratzt.

3.   Wo hat Paula die Spuren entdeckt?

a)   Hinter dem Busch   b)   Im Blumenbeet

 Wie oft war die Antwort a richtig?
2-mal I   3-mal P

Trage den Lösungsbuchstaben
auf der Detektivseite ein.

Die Spur führt zum Keller

Hannes kniet sich auf die Erde

und lugt durchs Kellerfenster.

„Kannst du irgendwas erkennen?", fragt Jo.

„Nee, zu dunkel", meint Hannes.

„Ich habe eine Idee. Wir holen Frau Meier.

Die findet Karli bestimmt", sagt Paula und grinst.

Wie viele Knochen kann Frau Meier hier finden?

Einige Beschreibungen treffen genau auf Frau Meier zu.
Streiche die Beschreibungen durch, die nicht passen.

Frau Meier ist der Hund …

…, der einen
Schlüssel am
Halsband trägt.

…, der gerne auf
Entdeckertouren
geht.

… mit
den gelben
Pfoten.

… mit dem
bunten Fell.

…, der gerne
jeden Tag eine
Wurst frisst.

…, der dem
Direktor gehört.

…, dessen
Leibspeise
Möhren sind.

Wie viele Sätze konntest du durchstreichen?

2 **E**   3 **M**

Trage den Lösungsbuchstaben
auf der Detektivseite ein.

21

Paula lässt Frau Meier an Karlis Käfig schnuppern.

Dann gehen alle zusammen in den Keller.

„Such!", sagt Paula und gibt Frau Meier einen Klaps.

Frau Meier schnüffelt um die herumstehenden

Kartons, den Flur entlang bis zu

einer grünen Pflanze.

Wörter suchen

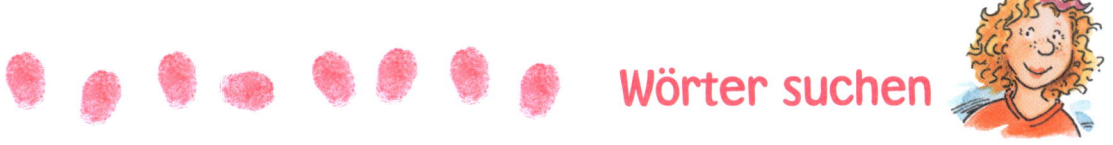

Sieh dich genau um. Überall sind Beschriftungen und Zeichen.
Kannst du alles lesen?

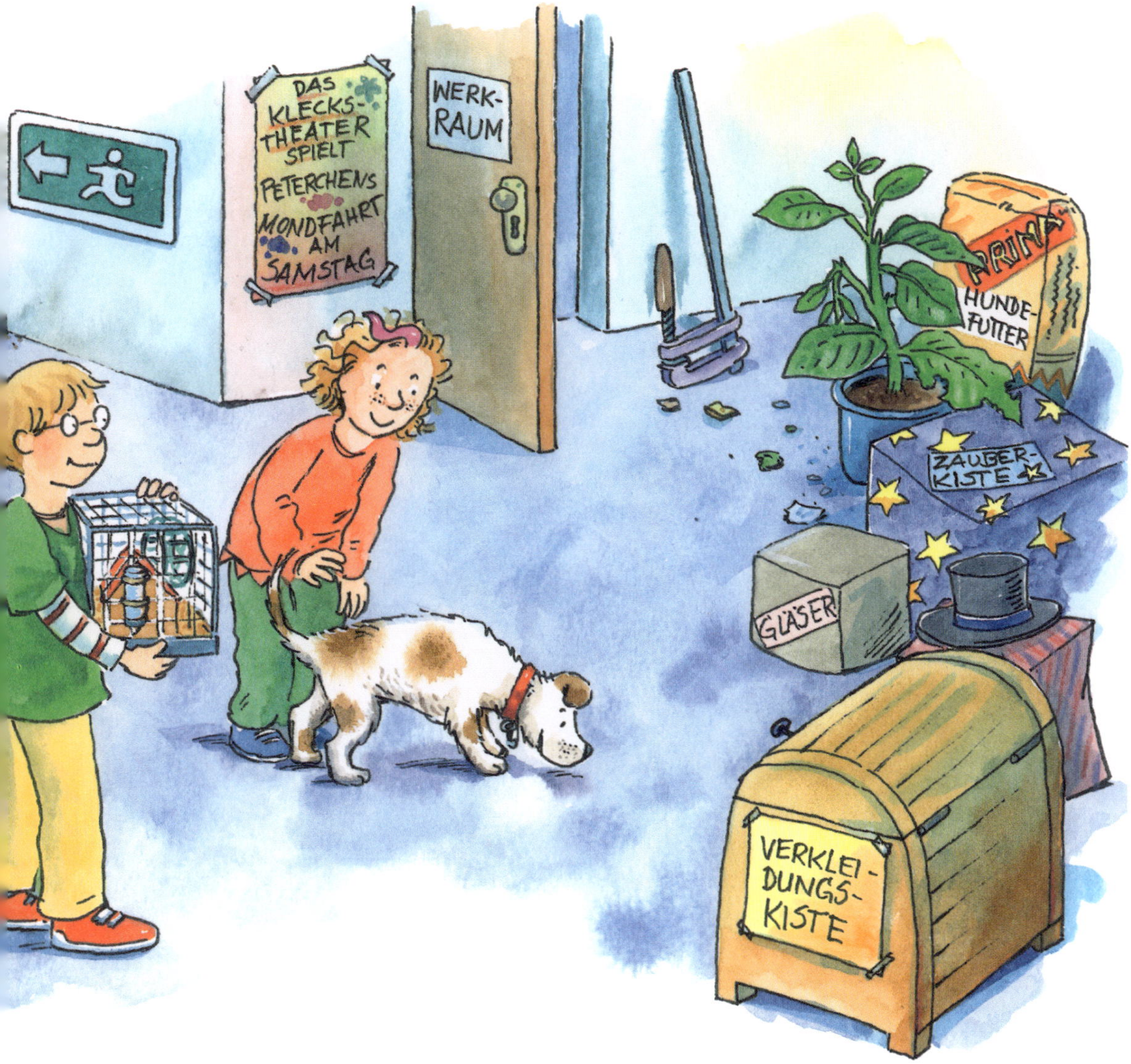
DAS KLECKS-THEATER SPIELT PETERCHENS MONDFAHRT AM SAMSTAG
WERK-RAUM
PRIMA
HUNDE-FUTTER
ZAUBER-KISTE
GLÄSER
VERKLEI-DUNGS-KISTE

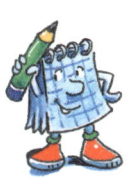

Welches Theaterstück wird am Samstag aufgeführt?

Pippi Langstrumpf **U** Peterchens Mondfahrt **L**

Trage den Lösungsbuchstaben
auf der Detektivseite ein.

O nein, Frau Meier!

Doch gerade als Frau Meier an der Pflanze

schnuppert, steigt ihr ein anderer Duft in die Nase.

Da steht ja ihr leckeres Hundefutter!

„O nein", stöhnt Paula. „Du verfressener Hund!"

„Sieht so aus, als müssten wir ohne Frau Meier

weitersuchen", lacht Jo.

„Aber Karli war auf jeden Fall hier", meint Hannes.

„Guckt mal, wie die Pflanze aussieht!"

Welche Wiewörter beschreiben diese Pflanze? Kreise sie ein.

durchsichtig   braun

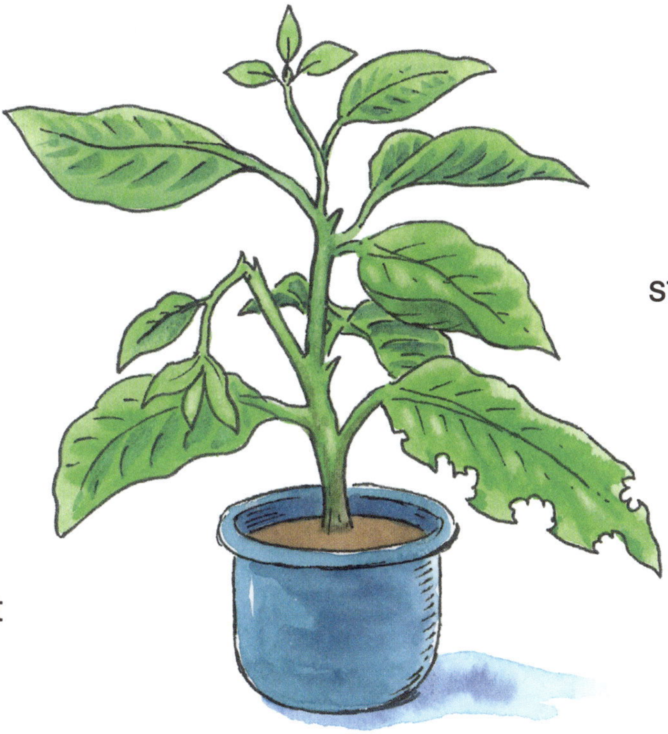

abgeknickt   stachlig

angeknabbert

grün   vertrocknet

 Wie viele Wörter bleiben übrig?

6 H   4 R

Trage den Lösungsbuchstaben
auf der Detektivseite ein.

Hier liegen Hamsterköttel!",

ruft Tom von der Treppe aus.

Sofort rennen Hannes und Jo zu ihm.

„Lasst uns mal logisch denken", sagt Jo.

„Hamster schlafen doch tagsüber.

Bestimmt ist er nicht weit gelaufen, sondern

hat sich ein gemütliches Plätzchen gesucht."

 Wie viele Gegenstände hat Karli unterwegs angenagt?
Kreise sie ein.

Die Detektive überlegen sich mögliche Hamsterschlafplätze.
Sie haben alle einen „**Sch**"-Laut, doch wie wird er geschrieben:
SCH oder **S**? Ergänze die fehlenden Buchstaben.

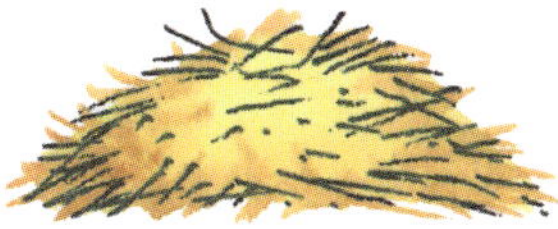

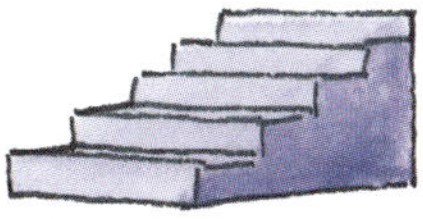

Treppen_____tufe

_____troh

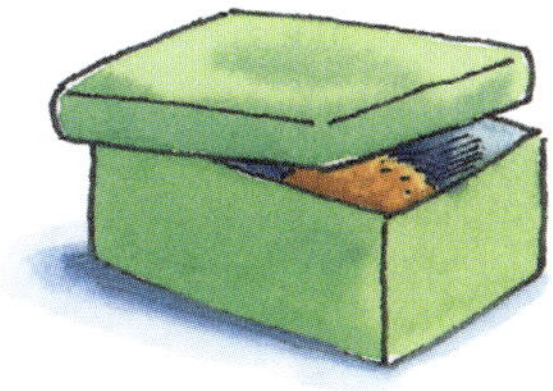

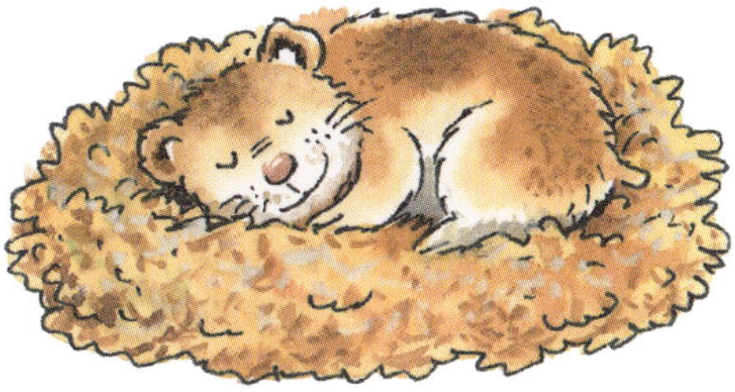

_____achtel

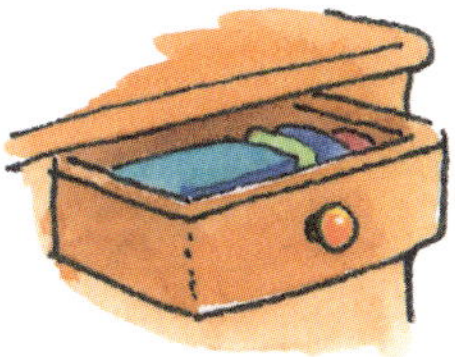

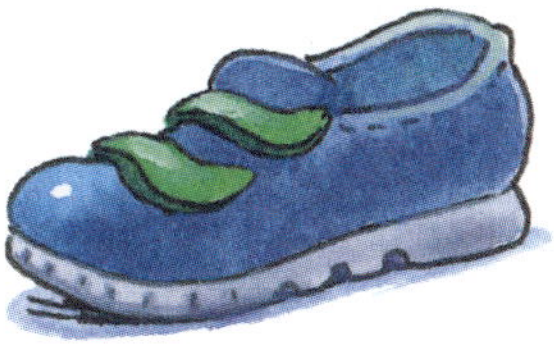

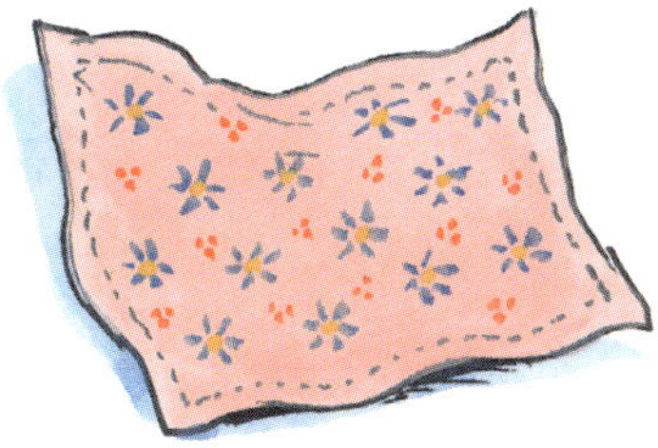

_____ublade

_____uh

_____toffta_____entuch

Wie oft hast du nur **S** geschrieben?

4-mal **W**   3-mal **I**

Trage den Lösungsbuchstaben
auf der Detektivseite ein.

27

Aufgepasst!

Hier liegt ein angenagter Radiergummi",

sagt Paula. Sie steht in der Tür zum Werkraum.

„Ob Karli hier ist?", überlegt Hannes.

„Immerhin gibt es viel Papier,

aus dem er sich ein Nest bauen kann", meint Jo.

 Was könnte Karli im Werkraum gut gebrauchen und hat ihn vermutlich hineingelockt? Notiere es auf der Detektivseite.

Groß- und Kleinschreibung

Hier sind alle Wörter kleingeschrieben.
Welche beginnen mit Großbuchstaben?
Schreibe den Satz richtig auf die Zeile unter dem Text.

im werkraum liegen sägen und holzplatten auf den bänken.

_____

es gibt auch viel papier.

_____

neben den holzplatten liegen zeichenblöcke.

_____

an den wänden hängen bilder.

_____

im papierkorb türmen sich die papierkugeln.

_____

Wie viele Wörter musstest du ausbessern?

11   16

Trage den Lösungsbuchstaben
auf der Detektivseite ein.

Ob Karli wirklich hier drin ist?", zweifelt Hannes.

„Vielleicht ist er doch die Treppe hochgeklettert."

Da klingelt es und die Pause ist zu Ende.

Ben, der Nachbar von Jo und Hannes,

kommt in den Werkraum.

„He, was macht ihr denn hier?", fragt er überrascht,

als er die Zwillinge sieht.

Was könnte Hannes antworten?
Streiche die falschen Sätze durch.

Wir suchen Karli.

Karli ist verschwunden.

Wir haben jetzt Werken.

Ich wollte dir Karli zurückgeben.

Frau Meier hat uns hierher geführt.

Karlis Spuren führen zum Werkraum.

 Wie viele Sätze sind richtig?   3 **I**   2 **F**

Trage den Lösungsbuchstaben
auf der Detektivseite ein.

Da muss Ben plötzlich furchtbar niesen.

„Ist das deine Allergie?", fragt Hannes. Ben nickt.

„Das heißt, dass Karli hier irgendwo ist!",

freut sich Jo. „Nur wo?"

Frau Meier kommt durch die Tür.

„Na, lässt du uns doch nicht im Stich?",

meint Paula und krault sie hinter den Ohren.

Da raschelt etwas. Frau Meier spitzt die Ohren.

„Ich glaube, ich weiß, wo Karli ist", lacht Jo.

Wodurch errät Jo, dass Karli in der Nähe ist?
Notiere es auf der Detektivseite.

Weißt du jetzt auch, wo der Hamster ist? Ist Karli im Eimer,
im Rucksack oder hinter dem Vorhang? Denke an alles,
was du bisher über Hamster erfahren hast.

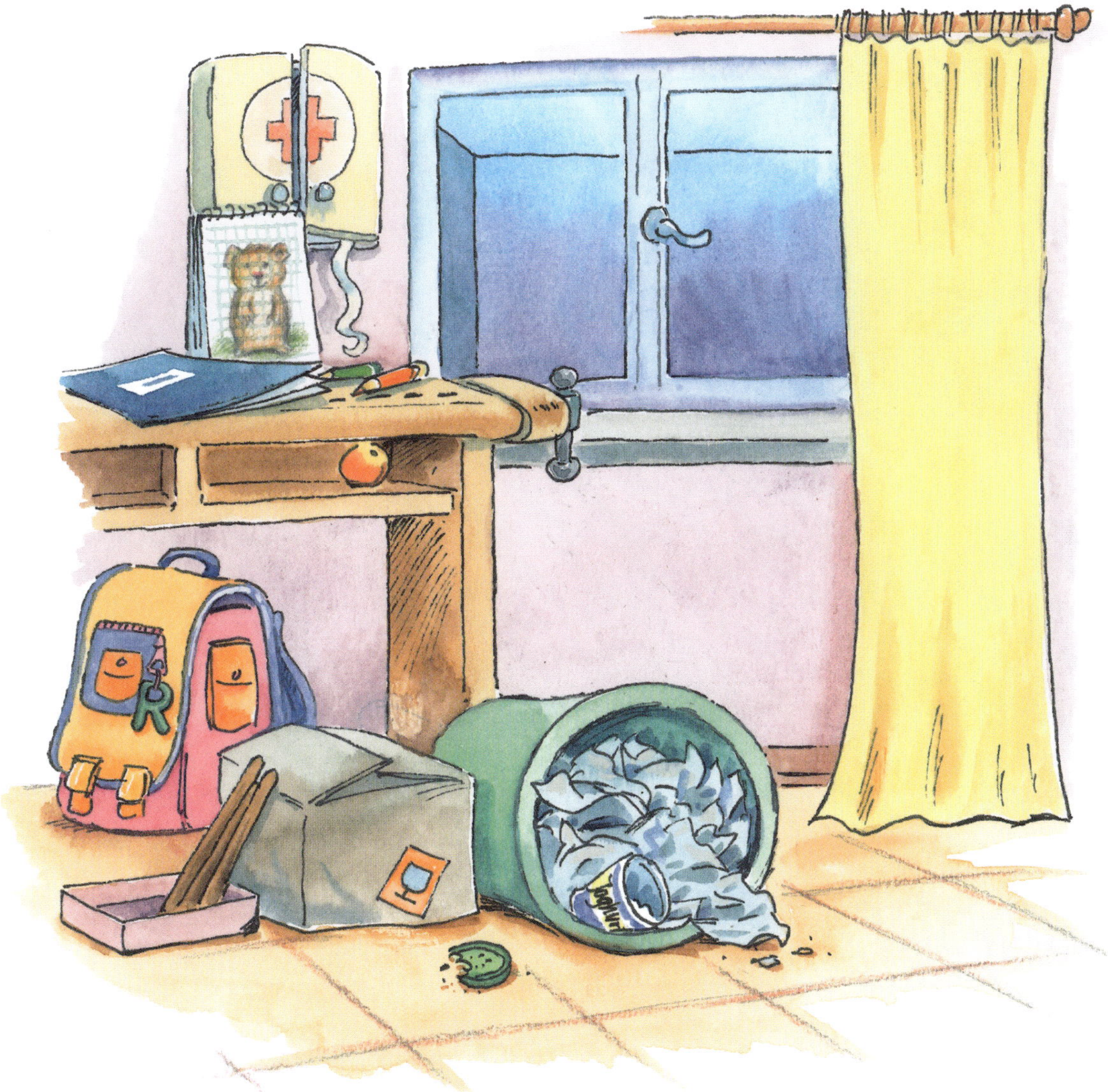

 Irgendwo auf der Seite hat sich der letzte Lösungs-
buchstabe versteckt. Wenn du ihn gefunden hast,
trage ihn auf der Detektivseite ein.

Loewe Lernkrimis

Diesmal treibt ein unheimliches Monster
in der Schule sein Unwesen.

Willst du den Detektiven bei ihren Ermittlungen helfen?

Dann aufgepasst! Achte auf neue Spuren und
versteckte Hinweise, die sich auf jeder Seite verstecken.
Löse die Aufgaben und trage die Lösungsbuchstaben
auf der Detektivseite auf Seite 67 ein.

**Zum Schluss übertrage die Buchstaben
in den Lösungssatz.**

So erfährst du, ob du auf der richtigen Spur warst.

Das Monster
im Schulkeller

Ein großes Fest

Klasse! Heute ist ein großes Kostümfest!
Die ganze Schule ist mit Luftballons und Girlanden
geschmückt. Durch die Flure laufen Gespenster,
Clowns, Zauberer und Piraten. Auch Frau Meier,
die Hündin des Hausmeisters, ist verkleidet:
Sie trägt einen Piratenhut.

Findest du Frau Meier? Kreise sie ein.

Anlaute zuordnen

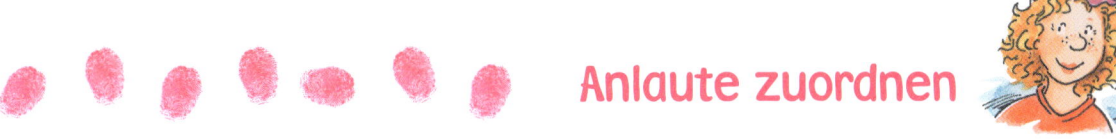

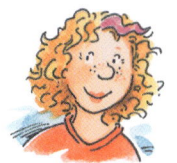

Hier siehst du viele tolle Sachen zum Verkleiden.
Verbinde sie mit dem richtigen Anlaut.

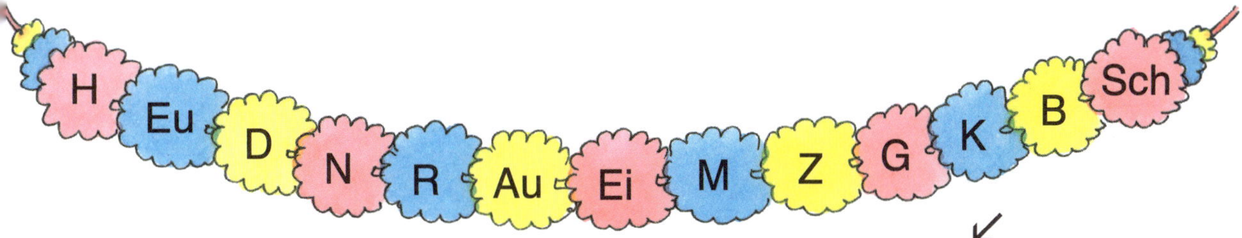
H
Eu
D
N
R
Au
Ei
M
Z
G
K
B
Sch

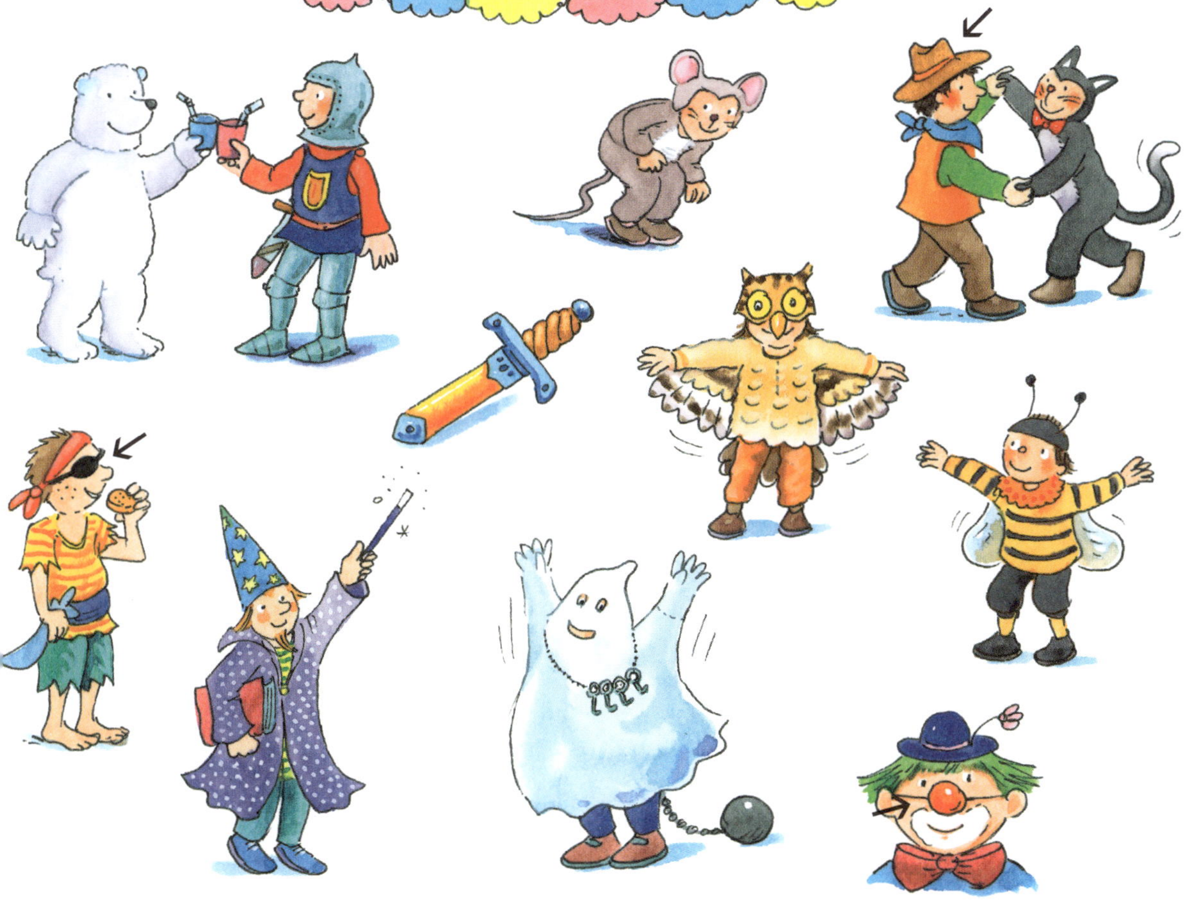

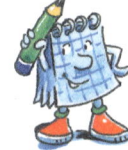

Welcher Anlaut bleibt übrig?

D **E** Au **B**

Trage den Lösungsbuchstaben
auf der Detektivseite ein.

Wer ist das denn?", fragt Paula,

die als Hexe verkleidet ist.

„Der Teufel da drüben?" Jo schwingt seine

Friedenspfeife in der Luft. „Das ist Anna."

„Woher weißt du das?", fragt Paula erstaunt.

„Sie trägt dieselben Ohrringe wie immer",

antwortet Jo.

 # Buchstabenverbindung Eu/eu

Welches Wort gehört zu welchem Bild? Schreibe die passenden
Wörter auf die Linien.

Ungeheuer　　　Elefant　　　Freunde　　　Feuerwehrmann

　　　Eule　　　　Teufel　　　　Gespenst　　　Hase

_ _ _ _ _ _

_ _ _ _

_ _ _ _ _ _ _ _

_ _ _ _ _

_ _ _ _ _ _ _ _ _ _ _

_ _ _ _ _

_ _ _ _ _ _ _ _ _ _

_ _ _ _ _ _ _

 **Wie viele Wörter haben ein Eu/eu?**

4 　Q　　　　　5 　T

Trage den Lösungsbuchstaben
auf der Detektivseite ein.

Das Monster

Und wer ist das Monster? Das sieht ja richtig

gruselig aus", nuschelt Hannes. Als Vampir trägt er

ein Gebiss mit langen, spitzen Eckzähnen.

„Keine Ahnung", meint Jo.

„Jetzt geht es direkt auf Lea zu."

„So wie Lea würde ich auch gern aussehen",

seufzt Paula. „Sie ist eine schöne Prinzessin."

Wie viele Luftballons siehst du?

Als was ist das Detektivteam verkleidet?
Lies genau und male, was fehlt.

Sie trägt ein rotes Kopftuch.
Auf der Nase hat sie eine Warze.
In der Hand hält sie einen Besen.

Er trägt einen schwarzen Umhang.
Seine Zähne sind lang und spitz.
Er hat dicke, schwarze Augenbrauen.

In der Hand hält er eine Friedenspfeife.
Auf dem Kopf trägt er Federn.
Seine Wangen sind mit
roten Streifen bemalt.

Lies die Buchstaben in den farbigen Kästchen von oben nach unten und du erhältst ein neues Wort.

Das neue Wort bezeichnet eine Sache. **M**
Das neue Wort bezeichnet ein Tier. **E**

Trage den Lösungsbuchstaben
auf der Detektivseite ein.

Das Monster ist ziemlich groß,

fast einen Kopf größer als Lea", stellt Jo fest.

Die drei Detektive beobachten das Monster

und Lea ganz genau.

„Da, jetzt zieht es an Leas Haaren!",

sagt Hannes empört.

„Lasst uns näher herangehen", schlägt Paula vor.

„Da stimmt was nicht."

Setze die Wörter richtig in die Lücken ein.

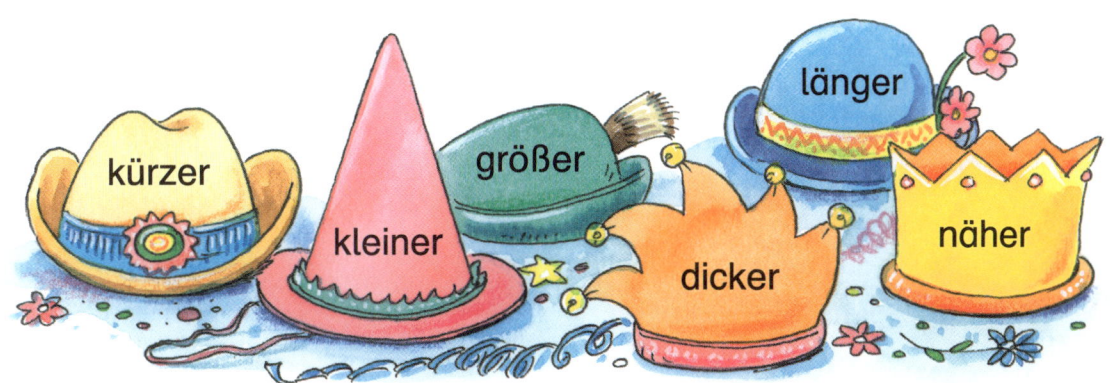

kürzer
länger
größer
kleiner
näher
dicker

Das Monster ist fast einen Kopf _____ als Lea.

Also ist Lea fast einen Kopf _____ als das Monster.

Paulas Haare sind _____ als Leas Haare.

Aber Paulas Haare sind _____ als Jos Haare.

Paula will _____ an Lea

und das Monster herangehen.

Welches Wort hast du nicht aufgeschrieben?

dicker **B**   näher **EI**

Trage den Lösungsbuchstaben
auf der Detektivseite ein.

Ohne ein Wort!

Paula, Hannes und Jo schleichen sich
so nah wie möglich an das Monster heran. Um sie
herum lachen und tanzen verkleidete Schüler.
Jetzt nimmt das Monster eine Luftschlange,
wickelt sie der Prinzessin um den Hals
und wirft Konfetti nach ihr. Ist das nur Spaß?
Was hat das Monster vor?

Groß- und Kleinschreibung

Hier fehlen die Anfangsbuchstaben. Welche Wörter beginnen mit einem großen und welche mit einem kleinen Buchstaben? Setze ein.

Namenwörter werden großgeschrieben!

M oder m	__ onster	__ üde	__ aske	__ unter
T oder t	__ euer	__ iger	__ afel	__ asche
F oder f	__ eder	__ risch	__ aul	__ inger
B oder b	__ esen	__ unt	__ all	__ rot
L oder l	__ ampe	__ aterne	__ eise	__ aut
W oder w	__ olle	__ inter	__ arm	__ inzig

Und Wiewörter werden kleingeschrieben!

18 Wörter werden großgeschrieben. **W**

14 Wörter werden großgeschrieben. **E**

Trage den Lösungsbuchstaben auf der Detektivseite ein.

„Seltsam, das Monster sagt kein Wort",

flüstert Hannes. „Als ob es sich nicht verraten will."

„Die Maske nimmt es auch nicht ab", stimmt Jo zu.

In dem Moment verbeugt sich das Monster

und reicht der Prinzessin eine Papierblume.

Lea schaut verwundert und steckt die Blume ein.

Was schenkt das Monster der Prinzessin?
Notiere es auf der Detektivseite.

Reimwörter finden

Finde den Anfangsbuchstaben. Es ist immer derselbe in einer Reihe.

__ rinzessin     __ apierblume   __ ilz

__ onster    __ aus    __ ond

__ rone    __ uchen    __ önig

__ uftballon    __ imonade    __ aterne

__ etektiv     __ inosaurier   __ ose

__ ose    __ aus   __ ase

Wie viele Wörter reimen sich?

   4 **M**   2 **P**

Trage den Lösungsbuchstaben
auf der Detektivseite ein.

Hinter der Maske

Ich habe genug gesehen", stöhnt Paula.

„Mir reicht es auch." Jo verdreht die Augen.

„Und ich habe Hunger", grinst Hannes

und zeigt auf den Tisch mit dem Kuchen.

„Los, sonst ist alles aufgegessen", stimmt Paula zu.

Das Detektiv-Team schlängelt sich an Zauberern,

Matrosen und Ballerinas vorbei.

 Was stimmt hier nicht?

Findest du das Gegenteil? Verbinde die passenden Paare miteinander.

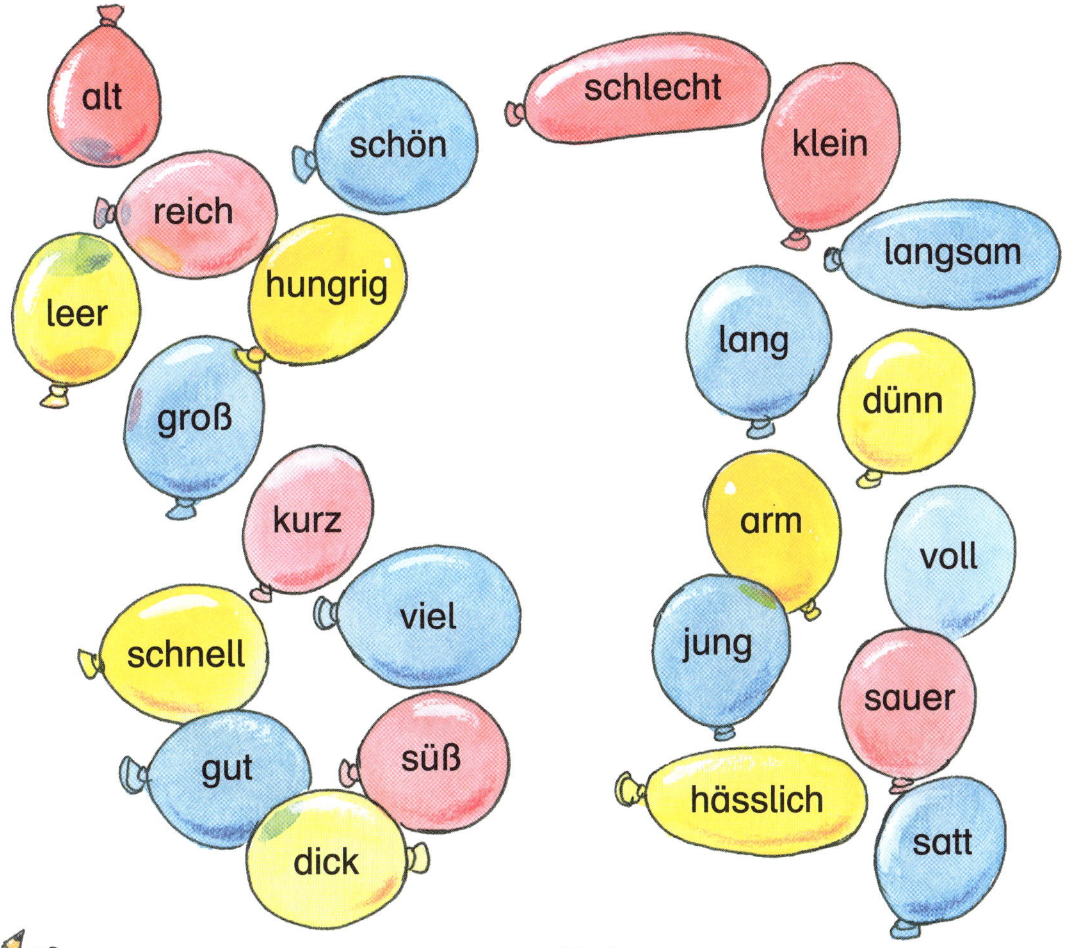

alt

schön

schlecht

klein

reich

langsam

hungrig

leer

lang

dünn

groß

kurz

arm

voll

viel

jung

schnell

sauer

gut

süß

hässlich

dick

satt

Das Wort viel bleibt übrig. **A**

Das Wort voll bleibt übrig. **U**

Alle Wörter beschreiben, wie etwas ist. **R**

Alle Wörter beschreiben, was jemand tut. **U**

Trage die Lösungsbuchstaben
auf der Detektivseite ein.

Paula, Hannes und Jo schnappen sich jeder

einen Teller und schneiden drei große Stücke

vom Schokoladenkuchen ab.

„Mmh, lecker", schmatzt Paula.

„Ob wir dem Monster auch ein Stück geben?"

„Damit es spricht?", fragt Hannes mit vollem Mund.

„Ja, vielleicht finden wir so heraus, wer hinter der

Maske ist", meint Paula.

Warum ist das Monster verdächtig?
Notiere es auf der Detektivseite.

St und Sp am Wortanfang

Was passt in die Lücken? Setze die passenden Wörter ein.

Strumpf   Stücke   Spiegel

          Stern

     Stein   Spinne

Paula, Hannes und Jo schneiden

drei große _____ Kuchen ab.

Pippi Langstrumpf hat einen

gestreiften _____ an.

Paula hat eine _____ auf ihrer Schulter.

An Leas Krone glitzert ein roter _____.

Zum Schminken braucht man einen _____.

Welches Wort bleibt übrig?

Spinne   Stern

Trage den Lösungsbuchstaben
auf der Detektivseite ein.

Entführt!

Die drei schauen sich nach allen Seiten um.

„Wo ist das Monster hin?", fragt Hannes.

„Und wo ist Lea?", entgegnet Jo.

„Spurlos verschwunden", meint Paula.

Auch im Flur können sie Lea nicht entdecken.

„Schaut mal da!", ruft Hannes.

Was hat Hannes entdeckt?
Notiere es auf der Detektivseite.

Namenwörter erkennen

Findest du alle Namenwörter? Kreise sie rot ein.

Namenwörter werden großgeschrieben und
Tunwörter werden kleingeschrieben.

Genauso wie Wiewörter.
Die werden auch kleingeschrieben.

Konfetti

Luftschlange

bunt

essen

Lasso

zaubern

tanzen

schön

gruselig

lustig

lachen

Krone

Wie viele Namenwörter hast du eingekreist?

6 **A**   4 **L**

Wie viele Buchstaben hat das längste Namenwort?

12 **R**   13 **P**

Trage die Lösungsbuchstaben
auf der Detektivseite ein.

Ich glaube, sie ist hier drin!", ruft Hannes

und öffnet die Tür.

„Warte Hannes, das ist das Mädchenklo!",

ruft ihm Paula hinterher.

Doch es ist zu spät: Sie hören lautes Gekreische

und Hannes kommt mit rotem Kopf aus dem Klo.

„Hier ist sie doch nicht", stottert er verlegen.

„Dann hat bestimmt das Monster

die Prinzessin entführt!"

Paula sieht Jo und Hannes

entsetzt an.

Die Buchstaben sind durcheinandergepurzelt. Ordne die
Buchstaben und schreibe die Wörter mit ihrem Begleiter auf.

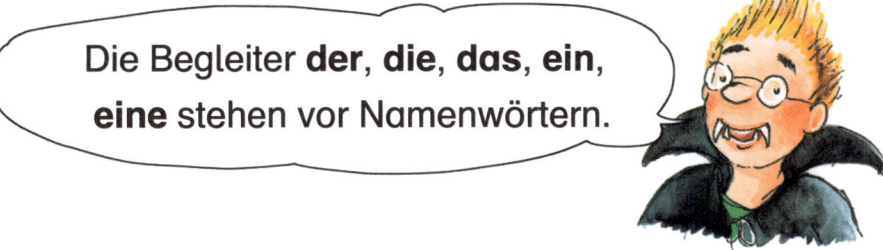

Die Begleiter **der**, **die**, **das**, **ein**,
eine stehen vor Namenwörtern.

u t H   der Hut

f l E e   _____

a e N s   _____

r n o K e   _____

o n B o b n   _____

ä e S b l   _____

Wie oft hast du den Begleiter **die** aufgeschrieben?

3-mal V   1-mal O

Trage den Lösungsbuchstaben
auf der Detektivseite ein.

Auf Spurensuche

Wir müssen Lea befreien!", ruft Hannes.

„Jiiiiiiiiiiih!" Jo stößt lautes Kriegsgeheul aus.

„Wo fangen wir mit der Suche an?", fragt Hannes.

„Monster mögen es dunkel und feucht!",

überlegt Jo laut.

„Du meinst, Lea ist im Keller gefangen?"

Paula schüttelt sich.

„Bei den Spinnen und Mäusen?"

M/m und N/n unterscheiden

In den Kisten finden sich tolle Sachen zum Verkleiden.
Welches Wort enthält ein **M** oder **m**? Welches ein **N** oder **n**?
Verbinde die Wörter mit der richtigen Kiste.

M/m

N/n

Wie viele Wörter haben ein **M** oder **m**?

7 **C**   5 **O**

Wie viele Wörter haben ein **N** oder **n**?

8 **C**   7 **Ü**

Trage die Lösungsbuchstaben
auf der Detektivseite ein.

57

Zum Keller geht es da lang!" Hannes rennt los.

Sein schwarzer Umhang flattert hinterher.

Paula und Jo laufen ihm nach,

so schnell sie können.

Frau Meier folgt mit fliegenden Ohren.

Die anderen Schüler schauen

dem Detektiv-Team

verwundert nach.

Was stimmt auf dem Bild nicht?

Ein Wort besteht oft aus mehreren Silben.
Male die Silbenbögen unter die Wörter.

Vampir

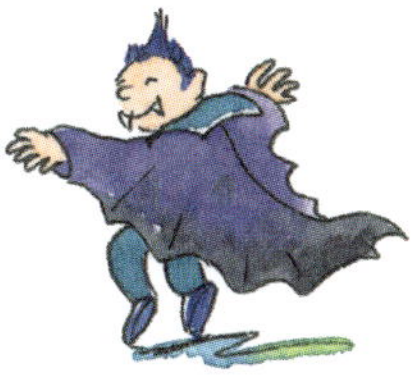

Supermann

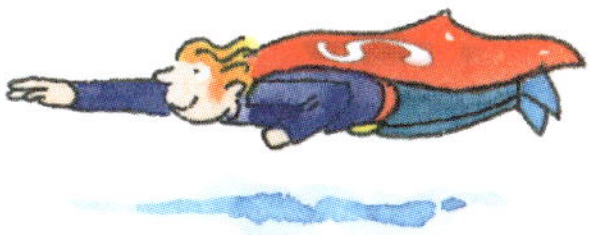

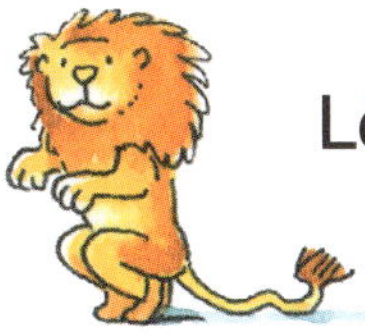

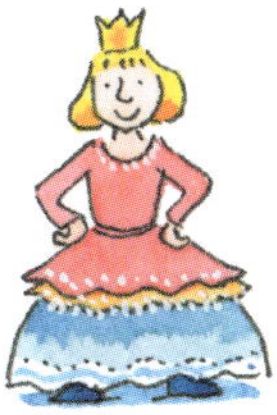

Prinzessin

Löwe

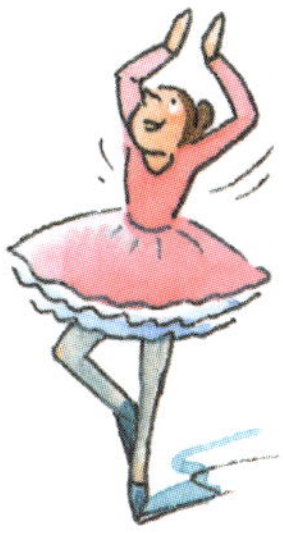

Clown

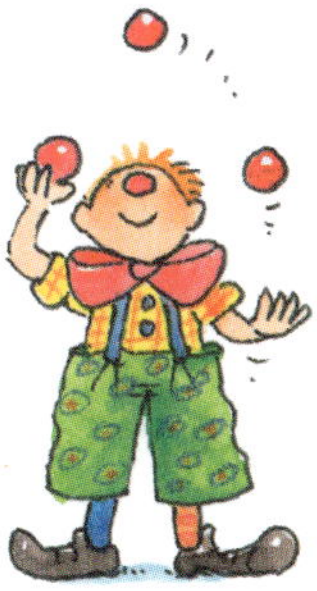

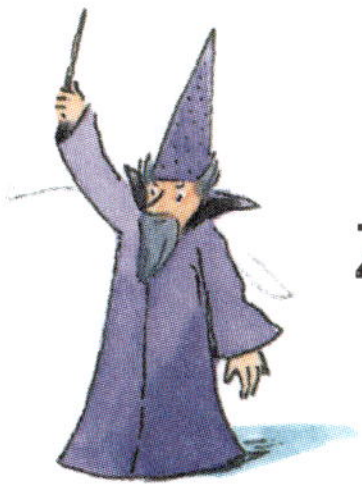

Ballerina

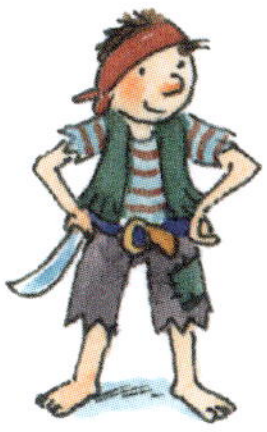

Pirat

Zauberer

Wikinger

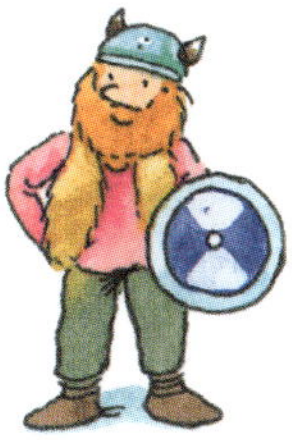

Ritter

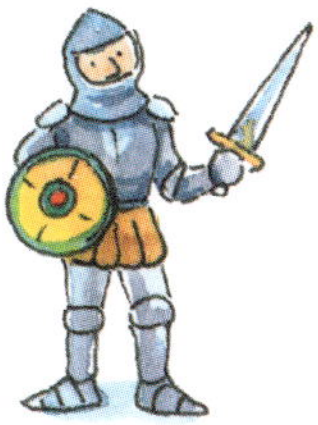

 Wie viele Wörter haben nur eine Silbe?

1 **S**　　　2 **M**

Trage den Lösungsbuchstaben
auf der Detektivseite ein.

59

Die Verfolgung

„Jetzt nach rechts", keucht Hannes atemlos.

Auch Paula und Jo sind schon ganz außer Puste.

Die vier biegen in einen langen Gang.

Von beiden Seiten gehen Türen ab.

Überall liegen Luftschlangen, Konfetti

und Pappteller. Aus einem der Klassenräume

ist Musik zu hören.

Was fehlt auf dem Bild? Zeichne ein.

Einzahl und Mehrzahl

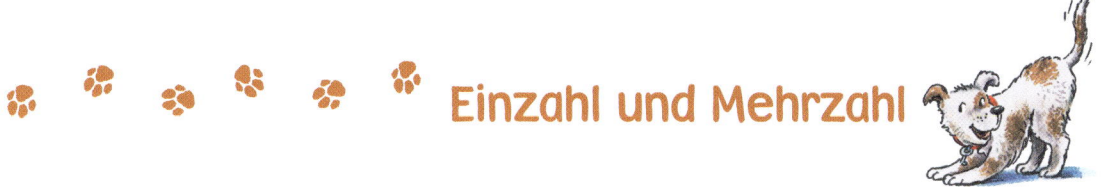

Von Namenwörtern kannst du die Mehrzahl bilden.
Verbinde immer von einem Wort Einzahl und Mehrzahl miteinander.

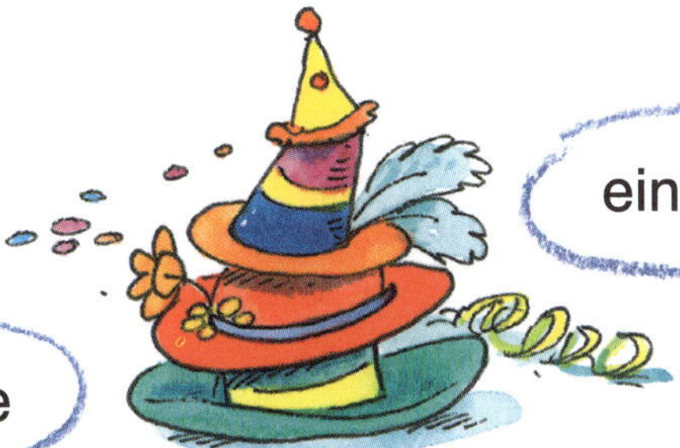

viele Tücher

ein Kuss

viele Hüte

ein Umhang

viele Küsse

ein Gang

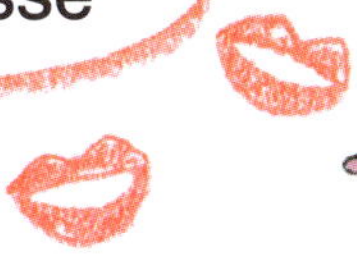

viele Umhänge

ein Zahn

viele Zähne

ein Tuch

viele Kostüme

ein Hut

viele Gänge

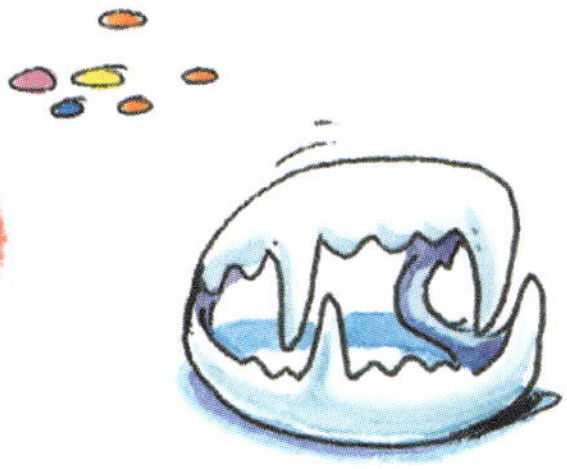

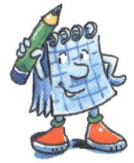

Wie viele Buchstaben hat das übrige Wort?

5 **P** 7 **L**

Trage den Lösungsbuchstaben auf der Detektivseite ein.

Gleich haben wir es geschafft! Die Kellertreppen

sind am anderen Ende." Hannes japst nach Luft.

„Wir müssen nur noch an den Klassenräumen

der älteren Schüler vorbei. Dann sind wir da."

Das Detektiv-Team läuft weiter den Gang entlang.

Doch dann bleibt Jo plötzlich stehen.

Am Schwarzen Brett sind die Selbstlaute **a**, **e**, **i**, **o** und **u**
verschwunden. Trage sie ein.

Tr__pp__n

H__nd

M__sk__

T__ll__r

H__x__

K_ch__n

Bl__m__

T__ch

__ng__l

Wie oft hast du den Buchstaben **a** eingetragen?

3-mal C   1-mal R

Trage den Lösungsbuchstaben
auf der Detektivseite ein.

63

Hinter verschlossener Tür

Was ist los?", will Paula wissen.

Ohne eine Antwort zu geben öffnet Jo vorsichtig

eine der Türen und späht hinein. Gespannt

warten Paula und Hannes ab, was passiert.

„Wusste ich doch", murmelt Jo,

„dass die Prinzessin hier ist."

Woher wusste Jo, wo die Prinzessin ist?
Notiere deinen Verdacht auf der Detektivseite.

Kreuzworträtsel

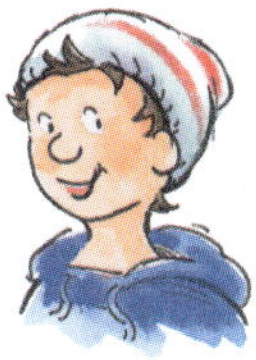

Fülle das Kreuzworträtsel aus. Die Buchstaben in den umrandeten Kästchen ergeben ein neues Wort.

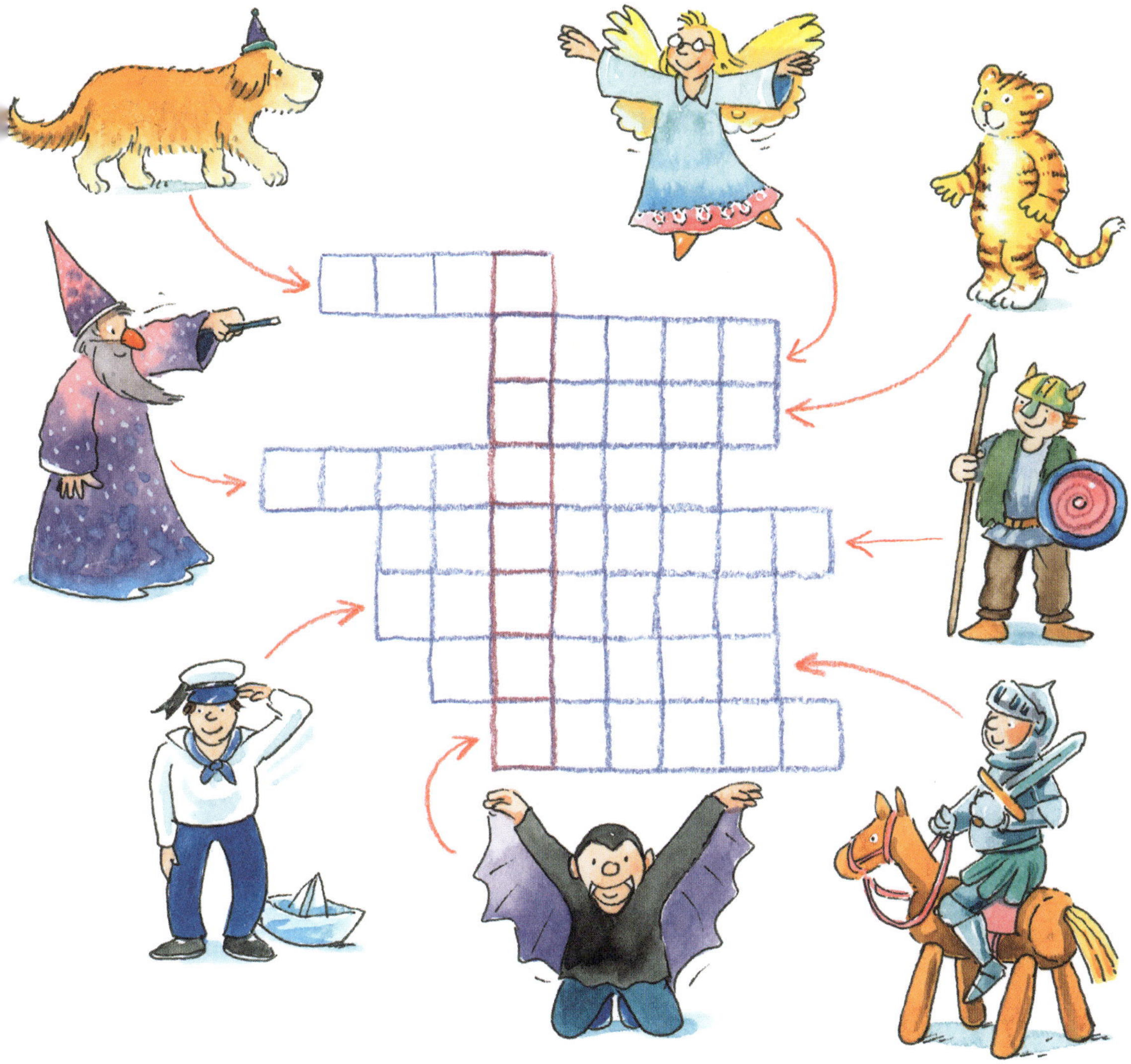

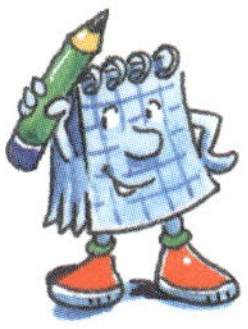

Das neue Wort bezeichnet eine Pflanze. **G**

Das neue Wort bezeichnet einen Beruf. **D**

Trage den Lösungsbuchstaben auf der Detektivseite ein.

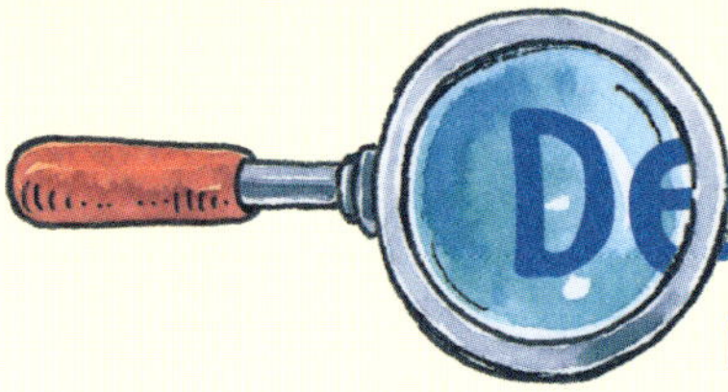

Detektivseite

Die Spur führt zum Kellerfenster

Seite 5	12
Seite 7	7
Seite 9	1
Seite 11	11
Seite 13	8
Seite 15	2
Seite 17	14
Seite 19	5
Seite 21	13
Seite 23	4
Seite 25	15
Seite 27	6
Seite 29	10
Seite 31	9
Seite 33	3

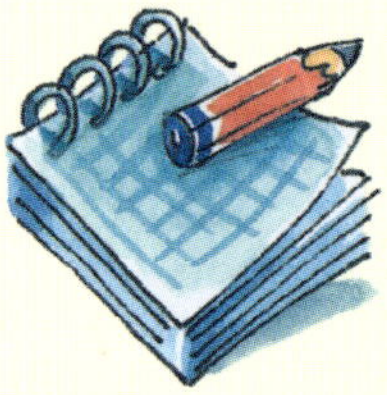

Der Name des Verdächtigen:

____

Die Spuren führen …

____

____

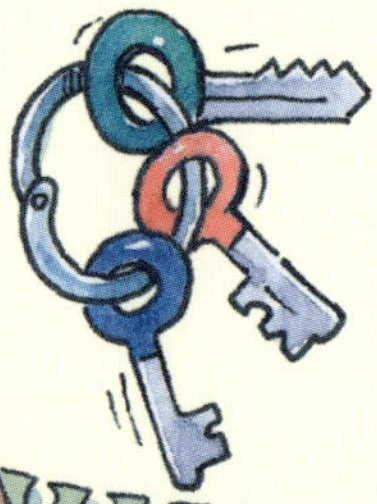

Das lockt Karli in den Werkraum:

____

Ben muss plötzlich:

____

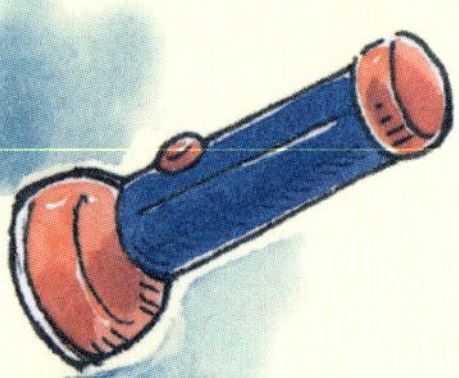

Lösungssatz:

1 2 3 4 5   6 7 8

9 10   11 12 13 14 15 .

Detektivseite

Das Monster im Schulkeller

Das Monster schenkt Lea ...

_____

_____

_____

Das Monster ist verdächtig, weil ...

_____

_____

Hannes' Entdeckung:

_____

Mein Verdacht:

_____

Lösungssatz:

1   2   3   4   5   6   7   8   9

10   11   12   13   14   15   16   17   18   .

Lösungen

Auf den folgenden Seiten kannst du die Lösungen der Aufgaben überprüfen. Alles, was du hierfür brauchst, ist ein Spiegel.

Seite 5
Die Reihenfolge der Bilder ist: K A R L I

Lösungsbuchstabe: I

....

Seite 6
Ein Mädchen hat einen Skistock dabei.

....

Seite 7
Warum **heißt** er Karli? Was **frisst** Karli am liebsten? Musst du Karli auch **waschen**? Woher **hast** du Karli? Wie lange **lebt** ein Hamster?

Lösungsbuchstabe: S

....

Seite 9
Diese Wörter verstecken sich im Gitter:
ZWILLING   HAMSTER
ALLERGIE   MONAT
NACHBAR

Lösungsbuchstabe: K

....

Seite 10

....

Seite 11
Hamster sind nur nachts wach.
Sie brauchen einen großen Käfig.
Im Käfig soll ein Häuschen stehen.
Es sollte auch ein Laufrad im Käfig sein.
Der Käfig muss regelmäßig gereinigt werden.
Hamster können sehr gut klettern.

Lösungsbuchstabe: E

....

Seite 13
Pausenhof, Klassenzimmer, Haustür, Papierkorb, Turnhalle, Dachboden

Lösungsbuchstabe: T

....

Seite 15
Tomate, **Tom**ahawk, **Tom**bola

Lösungsbuchstabe: A

....

Seite 16/17

Lösungsbuchstabe: E

....

Seite 19
1 b, 2 a, 3 a

Lösungsbuchstabe: I

....

Die Spur führt zum Kellerfenster

Seite 20
Frau Meier kann acht Knochen finden.

Seite 21
Diese Beschreibungen treffen zu:
Frau Meier ist der Hund ...
... mit dem bunten Fell.
..., der gern auf Entdeckertouren geht.
..., der einen Schlüssel am Halsband trägt.
..., der gerne jeden Tag eine Wurst frisst.

Lösungsbuchstabe: **M**

Seite 23
Das Theaterstück **Peterchens Mondfahrt**
wird am Samstag aufgeführt.

Lösungsbuchstabe: **L**

Seite 25
angeknabbert, grün und abgeknickt

Lösungsbuchstabe: **R**

Seite 26
Karli hat sechs Dinge angeknabbert:
den Käse, das Brot, die Gurke, das Blatt,
den Stift und die Pflaume

Seite 27
Treppenstufe, Stroh, Schuh, Schublade,
Stofftaschentuch, Schachtel

Lösungsbuchstabe: **I**

Seite 29
Im **W**erkraum liegen **S**ägen und **H**olzplatten
auf den **B**änken. Es gibt auch viel **P**apier.
Neben den Holzplatten liegen **Z**eichenblöcke.
An den **W**änden hängen **B**ilder. Im **P**apierkorb
türmen sich die Papierkugeln.

Lösungsbuchstabe: **M**

Seite 31
Folgende Antworten sind richtig:
Wir suchen Karli.
Karli ist verschwunden.
Karlis Spuren führen zum Werkraum.

Lösungsbuchstabe: **I**

Seite 33

Lösungsbuchstabe: **R**

Lösungssatz: Karli ist im Eimer.

Lösungsbuchstabe: U

Seite 51

Stücke, Strumpf, Spinne, Stein, Spiegel

Lösungsbuchstaben: A und R

Seite 49

grün/gelb; schön/hässlich; gut/schlecht;
süß/sauer; groß/klein; schnell/langsam;
kurz/lang; leer/voll; dick/dünn; reich/arm;
krumm/glatt

Seite 48

Lösungsbuchstabe: M

Seite 47

Prinzessin, Papierschiff, Pilz, Monster,
Maus, Mond, Krone, Kuchen, König,
Luftballon, Limonade, Laterne, Detektiv,
Dinosaurier, Dose, Hose, Haus, Hase
Reimwörter: Maus – Haus, Dose – Hose

Lösungsbuchstabe: E

Seite 45

Monster, Mode, Maske, Mumie, teuer,
Tiger, Tafel, Tasche, Feder, frisch, faul,
Finger, Besen, bunt, Ball, Brot, Laube,
Laterne, leise, laut, Wolle, Winter, warm,
winzig

Lösungsbuchstabe: B

Seite 43

großer, kleiner, kurzer, langer, naher

Lösungsbuchstabe: E

Seite 41

Hexe, Vampir, Indianer
Das neue Wort ist Hut!

Seite 40

10 Luftballons

Lösungsbuchstabe: T

Seite 38

Förster, Eule, Feuerwehrmann, Ungeheuer,
Freunde

Lösungsbuchstabe: E

Seite 37

Ritter, Schwert, Vogelscheuche, Hut, Nase,
Eule, Katze, Gespenst, Maus, Zauberer,
Eisbär, Birne

Seite 36

Lösungen

Seite 53
Luftschlange, Krone, Konfetti, Lasso
Luftschlange ist das längste Namenwort.

Lösungsbuchstaben: **L** und **R**

Seite 55
die Elfe, die Nase, die Krone, das Bonbon,
der Säbel

Lösungsbuchstabe: **V**

Seite 57
Maske, **Maus**, Blume, Schmuck, Vampir;
Prinz, Hund, Girlande, Gespenst, Bogen,
Biene, König

Lösungsbuchstaben: **O** und **Ü**

Seite 58

Seite 59
Vampir, Prinzessin, Clown, Pirat, Wikinger,

Supermann, Löwe, Ballerina, Zauberer, Ritter

Lösungsbuchstabe: **S**

Seite 60
Der Piratenhut von Frau Meier fehlt.

Seite 61
Das Wort **Kostüme** bleibt übrig.
ein Kuss, viele Küsse;
ein Umhang, viele Umhänge;
ein Zahn, viele Zähne;
ein Tuch, viele Tücher;
ein Hut, viele Hüte

Lösungsbuchstabe: **L**

Seite 63
Treppen, Hund, Teller, Maske, Kuchen,
Hexe, Engel, Blume, Tuch

Lösungsbuchstabe: **R**

Seite 65
Hund, Engel, Tiger, Zauberer, Wikinger,
Matrose, Ritter, Vampir
Das neue Wort ist Detektiv.

Lösungsbuchstabe: **D**

Lösungssatz:
Leas Blume vor der Tür.

Loewe Lernkrimis

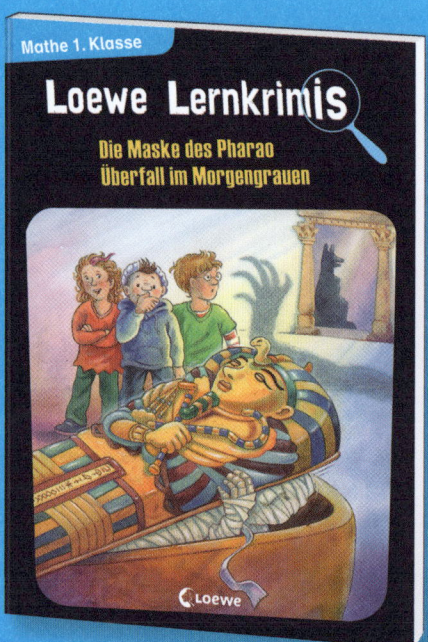

ISBN 978-3-7855-8836-9

ZWEI SPANNENDE LERNKRIMIS IN EINEM BAND!
Schaffst du es, die Fälle zu knacken?
Löse die Aufgaben und sammle zusammen
mit den Detektiven wichtige Indizien.